Quando sono pensierosa
When I Am Gloomy

Sam Sagolski
Illustrazioni a cura di Daria Smyslova

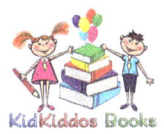

www.kidkiddos.com
Copyright ©2025 by KidKiddos Books Ltd.
support@kidkiddos.com

All rights reserved. No part of this book may be reproduced in any form or by any electronic or mechanical means, including information storage and retrieval systems, without written permission from the publisher, except in the case of a reviewer, who may quote brief passages embodied in critical articles or in a review.
First edition, 2025

Translated from English by Gabriella Re
Traduzione a cura di Gabriella Re

Library and Archives Canada Cataloguing in Publication
When I Am Gloomy (Italian English Bilingual edition)/Shelley Admont
ISBN: 978-1-0497-0249-0 paperback
ISBN: 978-1-0497-0250-6 hardcover
ISBN: 978-1-0497-0251-3 eBook

Please note that the Italian and English versions of the story have been written to be as close as possible. However, in some cases they differ in order to accommodate nuances and fluidity of each language.

Una mattina nuvolosa, mi sono svegliata pensierosa.

One cloudy morning, I woke up feeling gloomy.

Sono scesa dal letto, mi sono avvolta nella mia coperta preferita e sono andata in salotto.

I got out of bed, wrapped myself in my favorite blanket, and walked into the living room.

"Mammina!" dissi. "Sono di cattivo umore."
"Mommy!" I called. "I'm in a bad mood."

La mamma alzò gli occhi dal libro. "Di cattivo umore? "Perché dici così, amore?" chiese.
Mom looked up from her book. "Bad? Why do you say that, darling?" she asked.

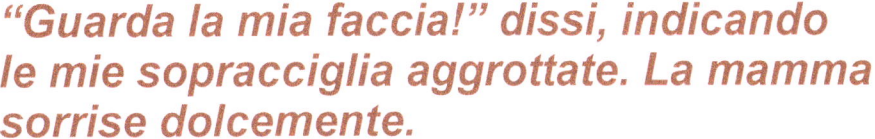

"Guarda la mia faccia!" dissi, indicando le mie sopracciglia aggrottate. La mamma sorrise dolcemente.
"Look at my face!" I said, pointing to my furrowed brows. Mom smiled gently.

"Oggi non ho una faccia felice," ho mugugnato. "Mi vuoi bene anche quando sono pensierosa?"
"I don't have a happy face today," I mumbled. "Do you still love me when I'm gloomy?"

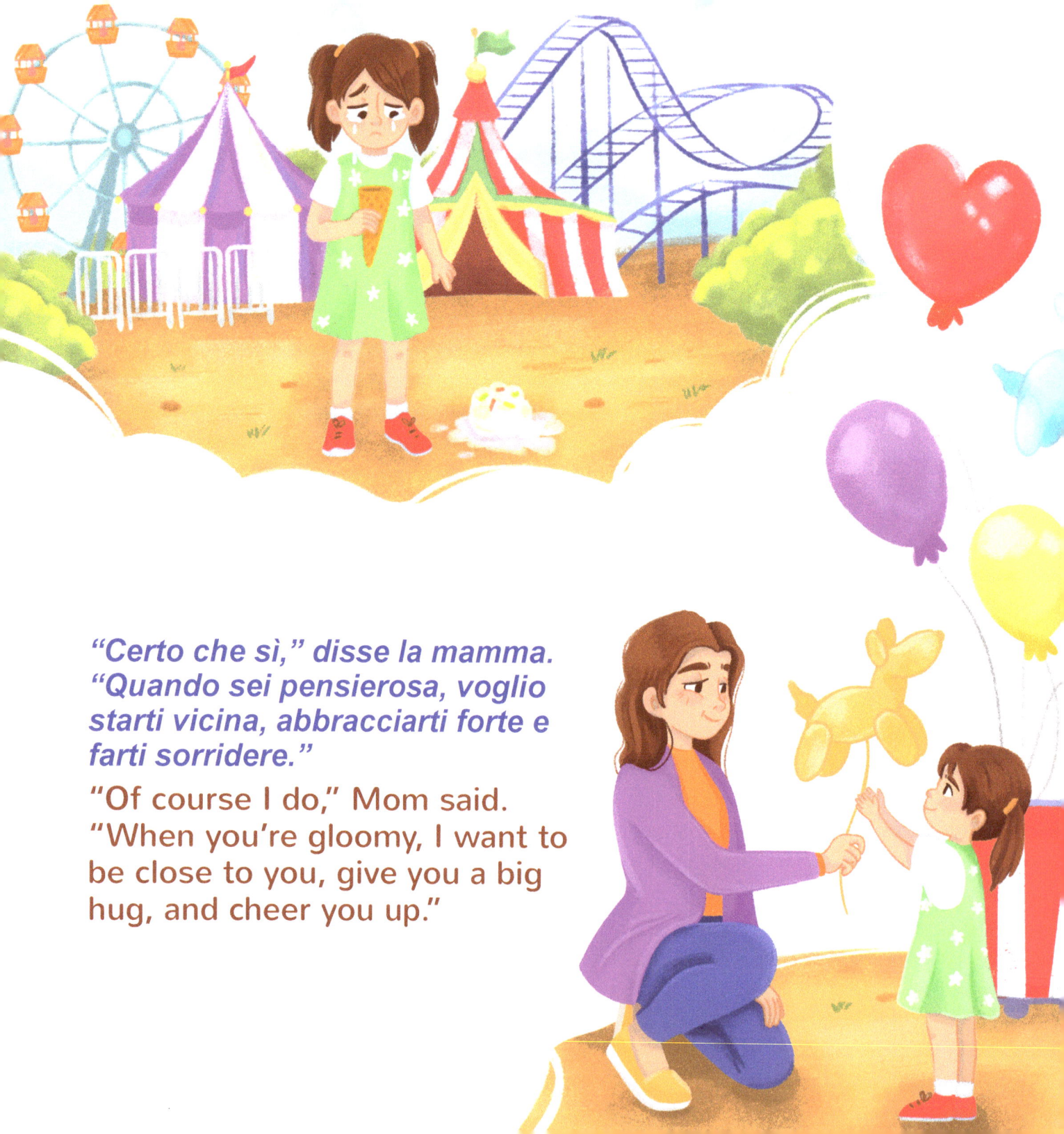

"Certo che sì," disse la mamma. "Quando sei pensierosa, voglio starti vicina, abbracciarti forte e farti sorridere."

"Of course I do," Mom said. "When you're gloomy, I want to be close to you, give you a big hug, and cheer you up."

Questo mi ha fatto sentire un pochino meglio, ma solo per un attimo, perché poi ho iniziato a pensare ai miei altri stati d'animo.

That made me feel a little better, but only for a second, because then I started thinking about all my other moods.

"Allora… mi vuoi bene anche quando sono arrabbiata?"
"So… do you still love me when I'm angry?"

La mamma sorrise un'altra volta. "Certo che sì!"
Mom smiled again. "Of course I do!"

"Sei sicura?" chiesi, incrociando le braccia.
"Are you sure?" I asked, crossing my arms.

"Anche quando sei arrabbiata, sono sempre la tua mamma. E ti voglio bene comunque."

"Even when you're mad, I'm still your mom. And I love you just the same."

Feci un respiro profondo. "E quando sono timida?" sospirai.

I took a big breath. "What about when I'm shy?" I whispered.

"Ti voglio bene anche quando sei timida," disse. "Ti ricordi quando ti nascondevi dietro di me e non volevi parlare con il nuovo vicino?"

"I love you when you're shy too," she said. "Remember when you hid behind me and didn't want to talk to the new neighbor?"

Annuì con la testa. Lo ricordavo bene.

I nodded. I remembered it well.

"Poi l'hai salutato e hai trovato un nuovo amico. Sono stata molto fiera di te."

"And then you said hello and made a new friend. I was so proud of you."

"Mi vuoi bene anche quando faccio tante domande?" continuai.

"Do you still love me when I ask too many questions?" I continued.

"Quando fai tante domande, come ora, ti osservo mentre ogni giorno impari cose nuove che ti rendono più intelligente e più forte," rispose la mamma. "E sì, continuo a volerti bene."

"When you ask a lot of questions, like now, I get to watch you learn new things that make you smarter and stronger every day," Mom answered. "And yes, I still love you."

"E quando non voglio parlare per niente?" chiesi ancora.
"What if I don't feel like talking at all?" I continued asking.

"Vieni qui," disse. Salii sul suo grembo e appoggiai la testa sulla sua spalla.
"Come here," she said. I climbed into her lap and rested my head on her shoulder.

"Quando non ti senti di parlare e vuoi semplicemente stare in silenzio, inizi a usare l'immaginazione. Mi piace vederti creare," rispose la mamma.

"When you don't feel like talking and just want to be quiet, you start using your imagination. I love seeing what you create," Mom answered.

Dopo mi disse a bassa voce nell'orecchio, "Ti voglio bene anche quando sei silenziosa."

Then she whispered in my ear, "I love you when you're quiet too."

"Ma mi vuoi bene anche quando ho paura?" chiesi.

"But do you still love me when I'm afraid?" I asked.

"Sempre," disse la mamma. "Quando hai paura, ti aiuto a controllare che non ci siano mostri sotto il letto o nell'armadio."

"Always," said Mom. "When you're scared, I help you check that there are no monsters under the bed or in the closet."

Mi baciò sulla fronte. "Sei così coraggiosa, amore mio."

She kissed me on the forehead. "You are so brave, my sweetheart."

"*E quando sei stanca,*" *aggiunse dolcemente,* "*Ti copro con la coperta, ti porto il tuo peluche e ti canto la nostra canzone speciale.*"

"And when you're tired," she added softly, "I cover you with your blanket, bring you your teddy bear, and sing you our special song."

"E quando ho troppa energia?" chiesi, saltando in piedi.

"What if I have too much energy?" I asked, jumping to my feet.

Sorrise. "Quando sei piena di energia, andiamo in bicicletta, saltiamo la corda, o andiamo a correre insieme. Amo fare tutte queste cose con te!"

She laughed. "When you're full of energy, we go biking, skip rope, or run around outside together. I love doing all those things with you!"

"Ma mi vuoi bene anche quando non voglio mangiare i broccoli?" feci la linguaccia.

"But do you love me when I don't want to eat broccoli?" I stuck out my tongue.

La mamma sorrise. "Come quella volta che hai passato i tuoi broccoli a Max? Gli sono piaciuti molto."

Mom chuckled. "Like that time you slipped your broccoli to Max? He liked it a lot."

"Te ne sei accorta?" chiesi.
"You saw that?" I asked.

"Certo che sì. E ti ho voluto bene anche quella volta."
"Of course I did. And I still love you, even then."

Pensai per un istante, e dopo feci un'altra domanda:
I thought for a moment, then asked one last question:

"Mammina, se mi vuoi bene quando sono pensierosa o triste... mi vuoi bene anche quando sono felice?"
"Mommy, if you love me when I'm gloomy or mad... do you still love me when I'm happy?"

"Oh, amore mio," disse, abbracciandomi ancora, "quando sei felice, lo sono anche io."
"Oh, sweetheart," she said, hugging me again, "when you're happy, I'm happy too."

Mi baciò sulla fronte e aggiunse, "Ti voglio bene quando sei felice come quando sei triste, pensierosa, timida o stanca."
She kissed me on the forehead and added, "I love you when you're happy just as much as I love you when you're sad, or mad, or shy, or tired."

Mi rannicchiai accanto a lei e sorrisi. "Allora... mi vuoi sempre bene?" chiesi.

I snuggled close and smiled. "So... you love me all the time?" I asked.

"Sempre," disse. "Con qualsiasi stato d'animo, ogni giorno, ti voglio sempre bene."

"All the time," she said. "Every mood, every day, I love you always."

Mentre parlava, iniziai a sentire qualcosa di caldo nel cuore.

As she spoke, I started feeling something warm in my heart.

Guardai fuori e vidi che le nuvole si allontanavano. Il cielo era tornato blu ed era uscito il sole.

I looked outside and saw the clouds floating away. The sky was turning blue, and the sun came out.

Sembrava che, dopo tutto, sarebbe stata una bella giornata.

It looked like it was going to be a beautiful day after all.

www.ingramcontent.com/pod-product-compliance
Lightning Source LLC
LaVergne TN
LVHW072009060526
838200LV00010B/314